默照
365

釋繼程————

著

365
Silent
Illumination
Practices

編 者 序

　　活在忙碌紛擾的現代世界，很多人都不知終日為誰辛苦為誰忙？《默照365》希望能提供默照禪的生活智慧，讓想要體驗禪心過生活的人，透過繼程法師的醍醐妙語，能以一日一禪語的方法，簡化生活，隨緣自在，體會默照禪味。

　　本書精選自繼程法師的十三本著作：《頭上安頭》、《提起話頭》、《默照源頭》、《紅塵回頭》、《棒喝當頭》、《默照話頭》、《何處盡頭》、《分水嶺頭》、《話說從頭》、《又再出頭》、《認影迷頭》、《回到話頭》、《有啥看頭》，原書由馬來西亞的怡保觀音堂法雨出版小組所出版，收錄二〇〇四年至二〇一六年，十二年間寫作的隨筆法語。《默照365》由十三本著作，近三千六百篇作品中選出共三百六十五篇，每篇文末註明原書出處，方便讀者參考查閱。

　　生活愈是繁忙，愈是需要放鬆身心，藉由默照智慧，人生才能收放自如。收放之間的禪機，盡在繼程法師的《默照365》，待您一參究竟！

法鼓文化編輯部

三百六十五
天天皆知足
默照心靜明
日日安樂住

三百六十五
天天禪為伍
默照心開悟
日日是好日
序默照三六五
丁酉臘月初三
太平牧林齋題

自序

三百六十五
天天都幸福
因為有默照
日日不就禪

三百六十五
天天禪共舞
默照心無住
日日禪海波

目錄

January
February
March

春夏秋冬

之默照

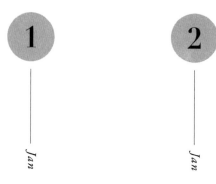

Jan

Jan

日日放鬆
日日用功
日日默照
日日好日

摘自《又再出頭》

禪修者要簡化生活
簡化環境
更重要的是簡化內心
心一簡化
外在的複雜就不干擾
自然也就簡化了

摘自《認影迷頭》

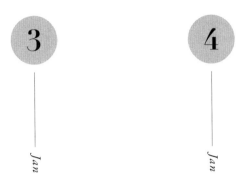

3

———
Jan

4

———
Jan

學佛當然應該是
愈學愈快樂
愈修愈放鬆
愈來愈自在
不然學佛何為呢

摘自《何處盡頭》

放鬆全身
覺照全身
因放鬆與覺照全身
心不受任何狀況所擾
那即是默照的初步工夫
默照的方法就是這麼簡單

摘自《默照話頭》

Jan

Jan

覺照當下
安住當下
身心放鬆
輕鬆愉快

摘自《默照源頭》

默時心如明鏡
照時心如止水
默時明如晴空
照時穩如大地

摘自《頭上安頭》

春之默照

01

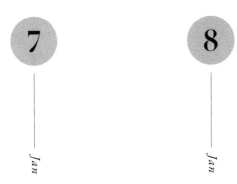

7

Jan

8

Jan

無須為過去的因緣追悔
無須為未來的因緣擔憂
現在有現在的因緣
安住於當下的因緣

只管打坐
用心過好每一個當下
只在當下
讓因緣自然去運作
只是用心
平常去面對即可
只有默照

摘自《又再出頭》　　摘自《默照話頭》

9

Jan

應吃時不吃
應睡時不睡
說乃修禪定
禪悅以為食

應吃時即吃
應睡時即睡
不修深禪定
生活平常過

吃得即是福
睡得亦是福
禪在吃睡中
吃睡即禪悅

吃時吃得好
睡時睡得好
平常過日子
平常心是道

摘自《紅塵回頭》

春之默照 **01**

默照的方法極其簡單
禪眾用不上
或不得力
是因為心太複雜
身太緊繃
因此必須用方法來放鬆
而放鬆也就是方法
在放鬆時就能漸入默照的方法

摘自《默照話頭》

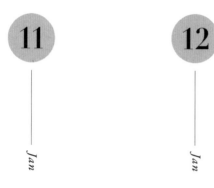

11

Jan

12

Jan

不管什麼狀態
只是活在當下
沒有比較
沒有期待
那當下即是最好的

心本清淨
袪除雜染
時時處處
皆為正念

摘自《又再出頭》

摘自《默照話頭》

春之默照 **01**

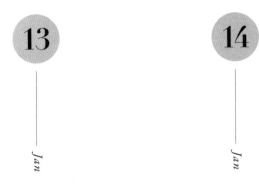

13

Jan

14

Jan

照顧好自己身心
不讓自己起煩惱
不讓他人起煩惱
不因他人起煩惱

摘自《紅塵回頭》

時間放長了
空間放寬了
心情放下了
日子就放鬆了

摘自《回到話頭》

15

Jan

生命的時間是寬裕的
常常覺得時間不夠用
是因為將生命複雜化了
使得生命需忙著處理
而疲於奔命
生命的空間是寬廣的
常常覺得空間不夠大
是因為將心塞太滿了
當然就沒有多少空間了
故而行動不自由
若明白生命有無限時間
就不需急著要做完什麼
而能放寬時間做好
若知道生命的空間是無垠的
則沒有什麼局限或障礙
故而包容了一切
若更超越了時間和空間的量度
那就自由自在無罣無礙了

摘自《默照源頭》

春
之
默
照

01

16

—— Jan

禪的修行
其實非常簡單
一切的複雜
乃人心所生
外境所起
只要一切放下
自性自然現在
見自性而開悟

摘自《何處盡頭》

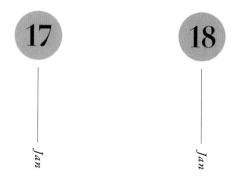

放鬆身心
放鬆生活
放鬆一切
放鬆放鬆

摘自《紅塵回頭》

因為無常　一切正常
若見無常　心即正常
因為正常　一切平常
若心平常　淨樂恆常

摘自《默照源頭》

春之默照 01

19

Jan

在工作時
時時保持愉悅的心
給所有接觸的人獻上祝福
修養已在其中

摘自《棒喝當頭》

20

——

Jan

禪
放下
看腳下
活在當下

禪
自然
行應然
法爾本然

禪
空相
無定相
諸相非相

禪
絕活
過生活
一切皆活

摘自《紅塵回頭》

春之默照 **01**

21

——

Jan

只管打坐　只是打坐
全身打坐　全心打坐
打坐在打坐　打坐即打坐
身心在打坐　身心即打坐

摘自《回到話頭》

Jan

禪修受用在當下　方法提起心默照
默照同時一切明　判斷準確抉擇正
面對所緣心坦然　因心默照不迷惑
回應恰好不輪迴　雜染自清無增減

摘自《認影迷頭》

23

Jan

忙裡偷閒
閒在心中
事多心閒
事緊心鬆

摘自《又再出頭》

24

Jan

安住於當下而用心
時時覺照身心當下因緣
應用適當的方法
方法才有活力
才能時時調和放鬆
而時時成長進步

摘自《何處盡頭》

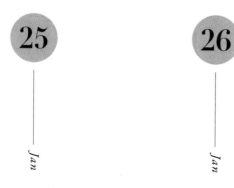

大是大非無須爭
小是小非爭何益
是是非非都放下
無是無非一身輕

摘自《分水嶺頭》

禪悟的見性
見的是心的本性
也就是心的自然狀態
故禪心見一切
一切皆美

摘自《默照話頭》

春之默照 01

快樂不是追求而得到的
只要放下追求與得到快樂的心
快樂自然就在心中了

摘自《紅塵回頭》

Jan

心中無所求
或預設標準
就會在面對所遇到的一切境
或發生的一切事時
平淡地接受
歡喜地接受
不會因不合要求而難過
不會因滿足要求而快樂
不會因超出要求而興奮
情緒上的平淡
心境中的歡喜
持恆皆如是
就是平常心

摘自《默照源頭》

29

———

Jan

任運自然
任性自在
任心自主
任緣自由

摘自《有啥看頭》

Jan

默照功能本具於心
非修而得
但通過修而顯發
故無有特定的方法
只需將覆蓋此功能的妄念
放鬆放下
默照的功能自然顯發
因此所謂的方法
即是放鬆放下

摘自《默照話頭》

31

Jan

修行時的樂
不是外在的
或追求而得的
是在修行中
從內心自然生起的
因為這是心本來具足的

摘自《認影迷頭》

Feb

禪心是心的自然狀態
故禪心流露的行為
也是自然的
也是直心的

摘自《默照話頭》

自性清淨　迷者不見　悟者即見　如此簡單
自性清淨　不見者迷　見者即悟　簡單如是
迷者不見　不見者迷　悟者即見　見者即悟
似有先後　實無先後　迷有先後　悟無先後
事有先後　性無先後　不見有二　見即不二

摘自《回到話頭》

3

Feb

現實生活難　禪修生活難
難上再加難　調整要及時
現實生活易　禪修生活難
轉難以為易　方能有轉機
禪修生活易　現實生活難
須調整心態　難則成為易
禪修生活易　現實生活易
生活已成片　輕安而自在

摘自《分水嶺頭》

春之默照 **02**

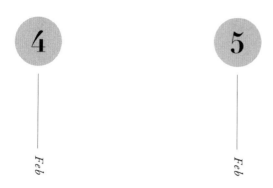

4

Feb

5

Feb

只管打坐　平等覺照
默然不動　身心統一
放任六根　諸境觸根
自然融入　內外統一
默照統一　緣生緣滅
無能無所　見性開悟
悟後默照　無內無外
無緣大慈　同體大悲

摘自《何處盡頭》

禪修很簡單
就是讓心沉寂下來
空去一切雜染
任心自然
無有造作

摘自《話說從頭》

對自己慈悲
就是讓自己快樂
不讓自己苦惱
如此慈悲於自己時
自然就不會讓他人不快樂
讓他人起煩惱
對他人慈悲
就是給予他人快樂
減輕乃至解除他人苦惱
如此慈悲對待他人時
自然地自己也會快樂
不起煩惱

慈悲原本就是雙向的
慈悲必然是互動的
只有不真正了解的人
才會以為只對自己好就好了
卻不知真正懂得對自己好
自然就得對他人好
對他人好
自己自然就會好
於是真正懂得慈悲
真實實施慈悲
必定一切人都好
都快樂都沒煩惱

摘自《提起話頭》

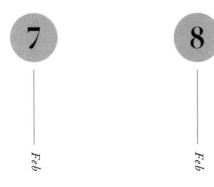

7 —— *Feb*

一切法性本空
故心不生不滅
一切法相差異
故心緣生緣滅
不生不滅而默
緣生緣滅而照
一心默照同時
默照明心見性

摘自《默照話頭》

8 —— *Feb*

不論身在何處
心皆安住當下當處
就自在了

摘自《何處盡頭》

春之默照

02

9

Feb

10

Feb

在種種方法的應用中
都必須以心的本然性功能
就是默和照的作用相應
才能使心用上工夫　　　覺照事相
照者清楚覺照一切境　　　不落事相
默者不受一切境干擾　　　透見本性
如此用功方能成就　　　　不住本性

摘自《分水嶺頭》　　　　摘自《紅塵回頭》

不去擔心問題時
問題就不成問題
不去罣礙某些事情時
此件事情就能隨緣運作了

摘自《默照源頭》

12

禪的方法是沒有方法的方法
其實就是回歸禪的思想自性清淨
既然自性清淨當然就無須方法
但因迷而未見性故需方法
定慧一體是心的本然性功能
故需回歸定慧一體為原則而修
使此本然性功能完整而自然地顯現
既然無法之法又依此原則而修
則任何可使心本然性功能顯發的方法
即是可用的方法
故無法之法即法法皆法
禪就活了

摘自《回到話頭》

Feb

不要只見到不平相
就發出不平聲
不平相中其實有其因緣
見相而知性
見不平而知其平
心就能放下而自在了

摘自《紅塵回頭》

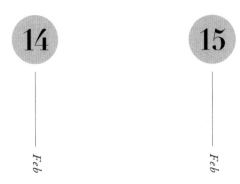

該來的會來
不該來的自然不來
這是何等正常的事
何必操心
放下一切了

摘自《默照話頭》

平等覺照　平衡默照
一切即一　一即一切
無常無我　無住生心
隨緣自在　自在隨緣

摘自《話說從頭》

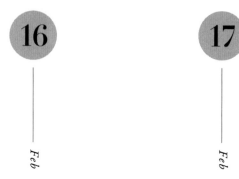

16

Feb

17

Feb

能放任而隨緣
生活中不求什麼
也是容易放鬆的

摘自《默照話頭》

檢討他人時
不妨返觀
檢討自己
從中更能看清自己
改善自己

摘自《紅塵回頭》

春之默照 **02**

18

可以放鬆地過生活
放下時間的約束
但不是不守時
而是能夠寬鬆地運作
這得使生活簡化
腳步放緩
時間的空檔就大了
放鬆的空間自然也大了

摘自《默照源頭》

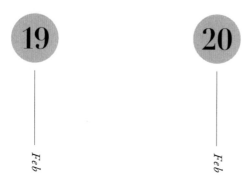

19

Feb

20

Feb

危機是否轉機
看在面對危機時
有沒有醒覺
並改正自己的心

摘自《紅塵回頭》

法是要用心體悟的
離開了心的修行
法就無意義了

摘自《棒喝當頭》

春之默照 **02**

21

世間的事都無法沒缺點及問題
但很多事還是要去做的
所以隨緣了盡心了
其他的就放下了
真有問題出現時
再去處理
然後放下

摘自《話說從頭》

禪修的體驗
並不是得到的
只是身心在調和中
顯示出來的狀況
即使是開悟的體驗
也不是得到什麼智慧
只是見到心的清淨本質
並讓此本質具有的智慧
與慈悲的功能
直心流露

摘自《何處盡頭》

23
—
Feb

禪無門無法　門門皆門　法法皆法
心無念無相　念念無住　相相皆空
默非止非動　默然非止　隨緣非動
照非觀非想　直覺非觀　體悟非想

摘自《話說從頭》

24

Feb

25

Feb

能大能小
能多能少
能有能無
能上能下
隨心所欲
心無所住
心無罣礙
隨緣自在

給人方便也是給自己方便
故在生活中要學習
省察因緣而給人方便

摘自《默照話頭》

摘自《紅塵回頭》

春之默照 02

修行的方法
其實都簡單的
但因身心狀況複雜
無法直接用上簡單的方法
才將方法複雜化
以契合複雜身心的需求
通過方法將身心愈調愈簡單
終而能把簡單方法用上
而趨向更簡單的身心
而後空去方法
也空去身心種種的雜染

摘自《認影迷頭》

默的安住　不是有住　而是無住
照的生心　不是有心　而是無心
禪的正念　不是有念　而是無念
法的實相　不是有相　而是無相

摘自《話說從頭》

春之默照

28

—— *Feb*

如果一切唯心造
清淨心造清淨境
是故修行重修心
心若悟時心清淨

摘自《回到話頭》

Mar

平常心做平常事
平常心過平常生活
平常心修行
平常心開悟見性

摘自《默照話頭》

2

Mar

時時處處用心
所用的心
就是心本然性的默與照之功能
時時用心
時時默照
處處用心
處處默照

摘自《分水嶺頭》

3

Mar

妄念紛飛
如實照見
無住於念
身心安穩

摘自《默照源頭》

春之默照

03

4

默照工夫較淺時
尚有時空觀念
漸漸深入
則漸漸失去時空觀念
只是在當下
但在日常生活中默照時
是在統一境中
亦與客觀時空觀念相應
因此可隨時隨處默照

摘自《默照話頭》

佛心有緣自流露
清淨佛心
在全然寂靜
煩惱完全沉消
默然不動時
明照功能
層層透出
自然流露
此即默照之禪

要完全無求
才能真正隨緣

摘自《何處盡頭》

摘自《紅塵回頭》

7

Mar

把飯吃好
把覺睡好
把事情做好
把日子過好
人生其實就這麼簡單

摘自《默照話頭》

8

Mar

放鬆就是打破不放鬆的慣性
不放鬆即繃緊用力
被擾　妄念　煩惱等狀態
能不繃緊不用力
不被擾沒妄念沒煩惱
就是放鬆了

摘自《有啥看頭》

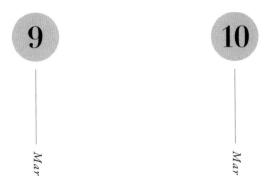

9

Mar

10

Mar

全然接受當下的因緣
不論是何等情景
不去較計其長短高低
那只是相而已
也仍是因緣所生之法
見其相明其性
心就平了

正眼看一切
一切皆正
禪眼視一切
一切皆禪

摘自《紅塵回頭》

摘自《默照話頭》

Mar

安本性
守本位
盡本分
做本人

摘自《紅塵回頭》

12

Mar

無法之法　只管打坐　放鬆身心　能所統一
妄心寂滅　默照現前　無內無外　不增不減

摘自《又再出頭》

人的一生隨著因緣
不可能預設或刻意設計
只需在因緣運行中
以智慧做出正確判斷與抉擇
使自己不斷成長

摘自《有啥看頭》

人心太複雜
因有太多雜染
人多數隨雜染而行
因此造成世間種種複雜現象
若能回觀心源
就會知道祛除了雜染
心是單純無染的
禪修乃返觀心源
直修一心
直證無心
使心無染之本源作用
充分顯露發揮
世間種種複雜相才能息滅

摘自《分水嶺頭》

不論是從只管打坐的默
或覺照全身的照入手
默照皆需同時運作
且默照方法運作時
是不再加任何東西
而是不斷地放鬆放下
將客塵的雜染清理
而使心清淨的功能
完全發揮

摘自《話說從頭》

春之默照 03

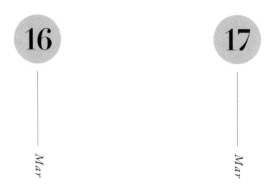

16

Mar

17

Mar

生活如果可以簡單到
只有必需品
而沒有其他追求　　　　放鬆身心
又能感到滿足與充實　　守好方法
喜悅而輕安　　　　　　安住當下
那是一種自在　　　　　只管用功

摘自《分水嶺頭》　　　摘自《紅塵回頭》

默中有照　照中有默
默照同時　同時默照
不見能默　不見所默
不見能照　不見所照
能所雙泯　無能無所
一切歷歷　任運自然
無我無常　隨緣自在

摘自《默照話頭》

春之默照

03

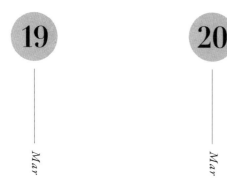

19
Mar

20
Mar

放鬆身心
放下妄心
放開佛心
放任無心

摘自《紅塵回頭》

能簡化生活
才是真正的福報
與放鬆修行較易相應也

摘自《分水嶺頭》

21

Mar

把生活中所有的事
都當作大事
就會用心做好

把這些事
看成小事
就會簡單地處理
又好又簡單地
把事情處理好
那也就自在了

摘自《又再出頭》

22

Mar

適宜的時空
做適當的事
就是覺照當下
安住當下
心清明而安定
安穩而歡喜

摘自《紅塵回頭》

春之默照 **03**

23

Mar

24

Mar

默照統一境
默照見空性
默照平常心
默照自在行

摘自《默照話頭》

在世上人人都是過客
偶爾同程
卻不會永遠相隨相伴
故隨緣珍惜
隨緣放下

摘自《默照話頭》

活在當下是在當下因緣中
整體地覺知一切因緣
若所覺知的只是局部
那就不是默照
整體包括了當下因緣的事相全部
以及理性的本性
故沒有忘失
也沒有不安

摘自《何處盡頭》

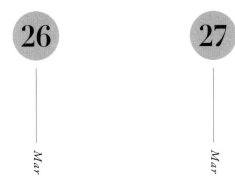

26

Mar

27

Mar

話講對了
不只是內容好
也包括了時間
空間與對象
都對了

摘自《紅塵回頭》

智慧高而無我無私心
常常可以把複雜的事
都簡化而做好
但智慧不高私心較重者
剛好相反

摘自《有啥看頭》

28

Mar

默照中見空性
則智慧顯發
在默照中運行智慧
現實中一一因緣
皆清楚照見
回應時
便能恰到好處
不造業不流轉

摘自《默照話頭》

29

有些事情看起來是複雜的
若隨之轉
則會愈轉愈複雜
若能回到事相的原點
以簡單的心與方式來處理
常常就能轉繁為簡
較容易地把事情處理好

摘自《何處盡頭》

30

Mar

從複雜的現實生活
轉入簡單的禪修生活
用心調和修行後
又得回到現實生活
簡單的心能否在複雜的環境中
保持安定清明
就是禪者工夫所在

摘自《回到話頭》

身心複雜時
不能用細而簡的方法
得用較粗或有點複雜的方法
對治作用是比較大的
若對治作用有效
則身體漸漸地較細較簡單時
把對治方法放下
轉入較細而簡單的方法
繼續用功　深入
過程是不斷地在對治
與調整方法中
漸漸地安止無功用行的工夫
不需用方法
而身心保持安定清明的本然狀態

摘自《認影迷頭》

春 夏 秋 冬

之 默 照

簡化心思
不罣礙什麼
隨緣而行
會比想太多
罣礙生活中一些細節
做一些準備安排
來得放鬆
但需有隨時隨緣面對變數的力量
那就能自在生活了

摘自《分水嶺頭》

夏之默照 **04**

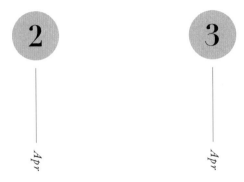

2

Apr

3

Apr

默中有照照中默
心中有境境中心
默照同時心境一
心境統一默照同
默照同時有默照
心境統一尚有一
無默無照心空性
空去統一即無心

摘自《默照話頭》

定慧一體本然性
默照同時乃原則
止觀雙運殊勝行
專注覺照即善巧

摘自《有啥看頭》

Apr

Apr

不爭一時
不爭萬世
只是誠意
直心道場

他人毀譽
後世傳絕
皆不重要
當下即是

摘自《紅塵回頭》

在生活中
若也能放鬆
就是在用功之中
全然地放鬆

就是悟境
自然地放鬆
超越鬆緊的分別
就是解脫而任運自然了

摘自《認影迷頭》

夏之默照 **04**

Apr

平時生活的默照
是以心覺照整體
並保持默然狀態
這使身體整體地放鬆
並清楚覺照而安穩
不使頭腦及其他感官作用
因集中或用力而疲累繃緊
若時時默照
則身心時時放鬆安穩
身心就自在了

摘自《默照話頭》

Apr

禪可以高至開悟解脫
也可以淺至日常生活中
調和身心放鬆身心
使自己在日常生活中
過得自在些
證得高深處
必會顯現於淺處
故開悟者必然在日常生活中
身心處處調和放鬆
而若從淺處看
則調和身心放鬆身心
於日常生活中
也是趨向開悟的基礎工夫
及日日應用的工夫

摘自《默照源頭》

8

Apr

默照不二心本具
默而不照陷無記
照中無默隨念去
默照同時心統一
能所雙泯見空性
無默無照任運行

摘自《默照話頭》

禪修時唯一要做的
就是放鬆
放鬆身體
就是不讓身體的覺受擾亂心
放鬆心就是不讓妄念擾亂心
任身體的覺受與妄念
自來自去　自生自滅
身心就是放鬆而不動

摘自《有啥看頭》

Apr

世間的種種相
隨著文明開展
愈趨複雜
隨著外在的複雜也得複雜
但心可保持簡單
簡單的安定和清明
愈簡單的心
愈能融入
也就能隨順因緣
而心默照

摘自《又再出頭》

Apr

默照乃心本具之功能
因此默照不是修行得來的
而是通過身心完全
而徹底地放鬆
讓心本具之功能顯發運作

默照直入無生無相無念無住
乃頓悟之法

摘自《默照話頭》

夏之默照 **04**

12

Apr

修行是長遠的路
因為所修正的是長遠累積的習氣慣性
修行是當下的事
因為心本然性清淨
當下一念清淨即是

摘自《有啥看頭》

Apr

放鬆六根
放心六根
放下六根
放任六根

摘自《紅塵回頭》

其實心本然性作用
即是定慧一體
故修行並沒有增加什麼
也不是外來的知識轉成智慧
而是通過他人的智慧來熏習
也即是清淨法界等流
以禪法將心本具的功能
完整而自然地發揮
故非從外修而是內修完成的

摘自《回到話頭》

應留時留

應走時走

如此簡單

要能做到

得在當下

心無染著

摘自《棒喝當頭》

16

朋友的朋友是朋友
朋友的敵人是敵人
敵人的朋友是敵人
敵人的敵人是朋友
如此則朋友與敵人
　　各占一半
若朋友的朋友是朋友
朋友的敵人也是朋友
敵人的朋友還是朋友
敵人的敵人更是朋友
再將敵人也轉成朋友
　如此則朋友滿天下
　　　何其樂也

摘自《紅塵回頭》

過去的不想
未來的不想
現在也不想太多
只是覺知當下因緣
隨順因緣
一切就會依因緣而運行
心踏實了
一切皆安

摘自《棒喝當頭》

Apr

經常記取他人對自己的好
忘記他人對自己的不好
就會心存感恩
沒有是非了
經常想起他人對自己的不好
忘了他人對自己的好
就會有被負的感覺
是非就很多了

摘自《提起話頭》

淨化心並不是把汙染的心淨化
因心性本空　空而無染即淨
自性既清淨何需再淨化
只因心迷不知不見故以為汙染
若心悟則見清淨自性
故不是有淨化過程
但迷時不妨說有
也可視之為修心讓心悟的過程
心悟則清淨自然　自然流露

摘自《回到話頭》

20

一般人覺得身不由己
其實是心不由己
解脫者身心皆由己
但所謂的身心由己
不是想做什麼就做什麼
想去哪裡就去那裡
而是身心無論在何狀態
在何處境
都能如如不動
不受干擾
不起煩惱
這才是身心由己的大自在

摘自《棒喝當頭》

Apr

觸一切境　見一切境
皆不加自心的成見評斷
讓一切境如實顯現
直心如實觸見
空去一切我見
及因我見形成的成見　主見
見境而無境　無染於諸境
即是自在禪心

摘自《提起話頭》

22

即使保持一定程度的照
而能安住於定或深定
這也不是禪修的目的
應保持止觀或安定清明的均衡
心處於此一境性時
應漸漸地轉向照的作用
並更深入地觀
要覺照當下因緣的事相
還要深透事相的本性
或一切法的本質
照見一切法乃無常無我空
才能脫落迷惑與執染
而得解脫
這才是禪修的目的

摘自《回到話頭》

當內心覺察反觀時
發覺此過程
知道修禪才能調之
於是就去禪修
此時就得先學調身調息調心的方法
這些方法就是在對治內心的種種雜染
有時候是以一方法對治一煩惱
有的是以一根本的方法
對治眾多煩惱
不論怎麼樣
煩惱減輕方法也減輕
煩惱息滅方法也就放下

摘自《有啥看頭》

24

Apr

心澄靜下來時
清淨的功能會顯發
思想也會清晰
因此要有禪定的修持
但若心在任何狀態
都能保持清晰
清淨功能也能發揮
那即是表示心在時時處處都澄靜
也即是表示禪已不再是修持方法
而成為了生活

摘自《提起話頭》

Apr

默照的心
心的默照
默照的境
統一成一整體
此統一在時間上無常變化
在空間上無我無邊
即在此統一境中
一切作用因緣生因緣滅
流動變化而無常
相依互存而無我
故無一法不變
無一法為實體
心若於此中見無常無我
悟得空性
即是默照的悟境也

摘自《何處盡頭》

夏
之
默
照

04

默照乃無法之法　無法而法法皆法
如此則法法可用　用時需把握原則
心具本然性功能　即是默與照同時
本然性無法需用　故謂之無法之法
然無法無從下手　無法中法法可用
有修故可漸進入　從有修而至無修
依法而能見無法　見無法即見本性
默照本然性功能　完整而自然發揮

摘自《回到話頭》

27

Apr

本性空故無所除
一切具足無可求
不增不減無得失
不生不滅了生死

摘自《有啥看頭》

夏之默照 04

28

Apr

只管打坐　默然不動
只管打坐　照見當下
只管打坐　淨念相續
只管打坐　悟境現前

摘自《又再出頭》

29

Apr

默愈安定　照愈清明
照愈清明　默愈安定
這是修默照要能做到的
不然偏邊就可能掉入無記
或散亂掉舉狀態
初學時必須注意

摘自《回到話頭》

夏
之
默
照
04

30

Apr.

默照一切境　皆與心統一
能所既統一　默照統一境
安住統一境　見因緣生滅
能所相依存　非實自性空
不見心主體　不見境客塵
能所相泯除　無我得自在

摘自《默照話頭》

心不安定
容易受到貪瞋煩惱的干擾
情緒波動
心不清明
容易做出錯誤的判斷
導致錯誤的抉擇
心需時時保持安定清明
這也是心本然性功能
因迷惑而無法發揮
故需方法來調
這就是禪法的重要

摘自《回到話頭》

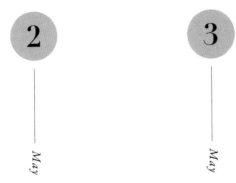

2

May

3

May

遇事無反應
不是非常的開悟
就是反常的麻木

摘自《認影迷頭》

心愈趨向簡單
行為也愈直接
沒有相對分別
沒有情緒波動
只是直直做去

摘自《默照話頭》

4

放鬆不是鬆懈
放下不是放棄
形式看似相同
心理卻不一樣

放鬆是不用功
心仍然在用功
鬆懈是不用功
心因此不著力

放下是不執著
心堅持著用功
放棄是不堅持
心卻仍然執著

摘自《紅塵回頭》

夏之默照 **05**

5

May

放鬆六根　身心統一
放任六根　內外統一
放下六根　六根圓通
放開六根　度化眾生

摘自《認影迷頭》

May

複雜是因簡單累積形成的
每個人的簡單
即是社會複雜的元素
若自己守著簡單
讓複雜回到個別的簡單
心就簡單地生活
這即是禪了

摘自《又再出頭》

遇事有反應才是正常
關鍵在如何處理
隨情緒而起煩惱造業
隨智慧則轉念放下自在

摘自《認影迷頭》

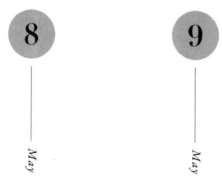

8 ——— *May*

9 ——— *May*

施恩不望報
受恩不忘報

摘自《紅塵回頭》

分享心單純　不求功和利
只將心喜悅　分享予眾人

摘自《認影迷頭》

夏之默照 **05**

10

適當的時間
做適當的事
就是智慧
看似簡單
卻不易做好
適當時間空間
適當的事
判斷時的直覺
或理性分析
或感性感覺
都不是巧合
而需心的抉擇
就智慧的高下深淺
當機立判

摘自《默照話頭》

11

—

May

依隨著當下的因緣
做適當的事
並用心做好
就是中道
就得自在

摘自《提起話頭》

夏之默照 05

無法安住當下的心理
常常是禪修者用功不得力
最大的障礙

不求功不求悟
放鬆身心來用功
覺照當下
安住當下
依當下的因緣
來用適宜的方法
障礙破除了
工夫自然就用上去了

摘自《棒喝當頭》

May

心安住於當下或只在現前因緣
不緣過去未來　此方彼處
就不會因經驗或所知而去比較
少了分別計較之心
就能讓心平和等持
即是平等心

摘自《提起話頭》

夏之默照 **05**

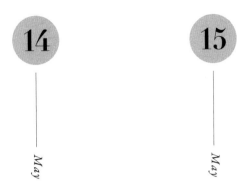

14

May

15

May

不必曾經擁有
何況天長地久
聚散實在正常
得失並無增減
來去時空轉移
諸法緣生緣滅
既然一切如此
隨緣放下便是

摘自《紅塵回頭》

心愈細愈單純時
心本身會很簡單
但很敏銳
因此觸應外境時
會有很豐富的內容

摘自《默照話頭》

簡的自其簡　繁的任它繁
繁簡皆自在　若見本性空
簡有簡事相　繁有繁因緣
本性皆為空　不論繁與簡
簡有其深度　繁有其內涵
簡中亦具繁　化繁而為簡
簡的亦如是　繁有其作法
心不染為淨　不論其繁簡

摘自《回到話頭》

17

禪心非別心　平常心是也
睏時睡好眠　餓了吃碗飯
身寒加件衣　口渴去喝水
有事即應對　身行心不動
無事心悠閒　身心皆安然
平常心是道　平常心即禪

摘自《棒喝當頭》

不在乎排名不在乎先後
只是專注於自己當下的位置
放鬆心境隨順之
心就會寬大多了

摘自《提起話頭》

夏之默照 **05**

19

May

20

May

要完全放下
逆來順受時
才沒有煩惱
而只有平靜

摘自《何處盡頭》

身不由己心由己
一切隨緣由他去
外頭縱有千萬事
心頭無事無煩惱

摘自《默照話頭》

May

不用方法是為了要用好方法
用好方法是為了不再需要用方法
或不再依賴方法

摘自《認影迷頭》

夏之默照

22

—— *May*

生活中不可能無事
不可能沒有不想發生的事
因此問題不在事的有無
而在於如何面對及處理
如果總是以負面情緒
或煩惱去面對及處理
當然是形成輪迴
如果是以智慧抉擇
就能把事處理好
若已證得空慧
則生活有事
而心中無事
那就一切事應刃而解
這即是還滅

摘自《提起話頭》

學佛無他
活得快樂
分享快樂
從淺到深
由外而內
世出世間
層層進入
到達究竟

摘自《棒喝當頭》

話頭默照皆善巧
能悟空性即是妙
若悟空性愈精進
任運自然慈悲行

摘自《何處盡頭》

25

調心時種種而層層的妄念浮現
那是用功的正常狀況
表示工夫漸漸用上
只需保持調身的姿勢和調心方法
層層妄念浮出又消失
生起又滅去
不追逐也不抗拒
妄念減少正念相續
心的本然性功能自然而完整地顯現
心安定而清明
默照同時定慧一體

摘自《認影迷頭》

26

May

修行過程中
不論出現的是好境惡境
心都知道是正常現象
以平常心視之
並採用適當的方法處之
工夫才能穩定才能持續

摘自《何處盡頭》

夏
之
默
照

05

May

有迎就有送
有來就有去
有生就有滅
世間相即如此
在時空中流動遷移
皆由因緣聚散
隨順因緣
無住其中
迎時歡迎送時歡送
來時如來去時如去
生時不生滅時不滅
心就自在了

摘自《提起話頭》

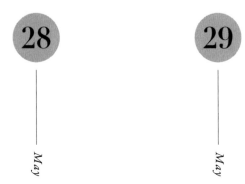

28

May

29

May

時時起點
時時終點
時時過程　　　　　法　任其自然
享受時時　　　　　心　任運自然

摘自《紅塵回頭》　　摘自《默照話頭》

夏之默照 **05**

30

May

工夫純熟
任運自然
直心流露
這是清淨自性的功能
全然而自然地發揮
此即悟境
不再退轉
不增不減
恰到好處

摘自《有啥看頭》

31

May

不觸事而知
觸事而靜
不對緣而照
對緣而默

摘自《何處盡頭》

Jun

平常心裡面
沒有追求的心
沒有較量的心
沒有喜歡或討厭的心
沒有接受或拒絕的心
只是如實地面對一切
而恰到好處地回應

摘自《默照源頭》

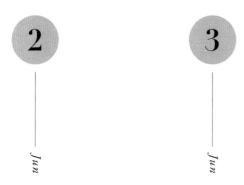

人要學做人
還要修成佛
但人就是人了
還要學才會做人嗎
人的本性即是佛　　　平等心覺照
還需修才能成佛嗎　　安靜心默然
當下即是　　　　　　回歸心本然
人就是人　也就是佛　來見心自在

摘自《紅塵回頭》　　　摘自《話說從頭》

如是覺照當下身心
身心總是在活動著
不論處於何等狀況
在進行什麼樣的身心活動
心總是如是照見
也不加任何評價
只是隨順身心的活動
如是覺之如是照之
而在覺照同時
一切寂然
無善無惡
不喜不憂
如是如是

摘自《默照源頭》

活在當下
病的時候病
不舒服的時候不舒服
應睡覺的時候睡覺
每個過程清楚覺照
同時不加其他的感受判斷
隨順因緣運行
心也是放鬆的

摘自《紅塵回頭》

Jun

時時在能所統一境中
即使默照同時
若照未透見空性
仍是定境
未是悟境
必須空去一而直見空性
能所雙泯而無心
方是定慧一體的悟境

摘自《認影迷頭》

夏之默照 06

7

Jun

放鬆身心　覺照整體
默然不動　身心統一
身心統一　放任六根
境現根觸　內外統一
內外統一　照見因緣
無常無我　能所雙泯
能所雙泯　透見空性
從空出教　能所相依
能所相依　廣度眾生
無生可度　能所相泯

摘自《默照話頭》

人經常矛盾
常常製造了問題
才來處理和解決
而處理和解決過程中
常常又將問題複雜化
不只沒解決也沒處理好
更增加問題
其實不製造問題
不需處理和解決程式
就簡單了
若如此簡單
那真是太好了

摘自《有啥看頭》

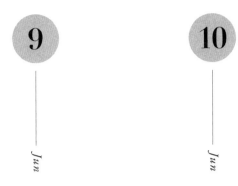

9

Jun

10

Jun

日子簡單心如水
妄念來了不停駐
無憂無喜無罣礙
日日好日日日過

摘自《又再出頭》

時時活在當下
時時覺照當下
時時空觀當下
時時無住當下

摘自《提起話頭》

11

Jun

心有所求
有所罣礙
生活就多了很多東西
將這些求與罣礙放下
那些多出來的東西
就沒了
生活就簡單多了
也自在多了

摘自《默照話頭》

夏
之
默
照

06

禪修無他　默照而已
默而不動　照而清明
本然功能　只因雜染
不能發揮　除染轉淨
心淨默照　整體功能
完整發揮　默則安定
照則清楚　清楚照見
整體因緣　緣起法則
安住平衡　故心不動
不受煩惱　默照回應
隨順因緣　行於中道
不受後有　常樂我淨

摘自《又再出頭》

默愈穩則照愈清
照愈清則默愈穩
默照本一體
妄想執著分開之
在用方法時
則得相輔相成
終而回歸一體
而默照同時
無二無別

摘自《分水嶺頭》

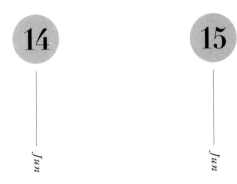

日光遍照
平等而完整
心如日而默照
亦平等而完整

摘自《何處盡頭》

不安因不知
若知則能安
轉不知為知
則不安自安

摘自《棒喝當頭》

16

Jun

定慧一體本然
默照同時亦然
專注覺照應然
安定清明自然

摘自《回到話頭》

夏之默照 06

17

Jun

不論是由內而外
或內在的用功
都得放鬆心境
態度和方法
才能把工夫用上
因為放鬆就是最大的受用和完成
所以過程也應該是放鬆的
方能相應

摘自《認影迷頭》

Jun

調身是讓身本然性功能
自然運行
身體本來具有自體治療
或調整功能
但要有時間和空間
也要有方法
才能讓身在放鬆狀態中
發揮本然性功能
即自體治療與調整
保持身體健康狀態

摘自《有啥看頭》

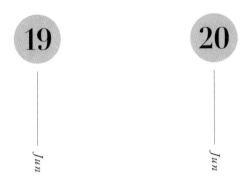

19

Jun

20

Jun

一切在運行著的因緣
都是順著法則的
故平常而正常
而運行之秩序必是無常
故以平常心正常地
隨著無常流動著
一切就自在了

有我就有我所
一切問題就生起來
無我就無我所
一切問題就都沒了
就這麼簡單

摘自《何處盡頭》

摘自《回到話頭》

禪其實就是定和慧的融會
制心一處　觀見無我
是較深的禪
能專注當下
覺照當下
乃至以空無我觀照當下
就能滅除很多煩惱
捨掉很多罣礙
禪的生活就是如此生活
禪的方法即是如此訓練
使行者能達到如此境界
如此則平常生活
即是禪的生活

摘自《默照源頭》

Jun

身心愈來愈放鬆
也愈來愈簡單
方法從粗到細
也愈來愈簡單
這是禪修必然過程與趨向
明乎於此
禪修的方向與目標
才確定了

摘自《何處盡頭》

時間是相對的
不同時區故有時差
也是事相上必有的現象
而生理的時間習慣
也許會因時差而需調適
但心理上不去擔憂太多
到了當地才去隨順
心理上沒有負擔較易適應
否則擔憂或有了負擔
常常就不能在當處
活在當下
而苦了身體惱了心理

摘自《默照源頭》

清楚照見一切境
境與心統一
統一境中
一切了了分明
心默然不動
無有主體在默在照
一切皆因緣生滅地流動著
無有能所分別
一切皆自然運作
心不思惡
也不思善
隨著因緣生滅
而不生不滅

摘自《默照話頭》

Jun

打坐在打坐
呼吸在呼吸
念佛在念佛
直觀當下因緣
當下因緣具足一切
若直從事相中見本性
當下開悟
若直見事相
亦在默照境中

摘自《何處盡頭》

夏之默照

當下應處理的事
即應於當下做好
切勿留至下一刻才做
因下一刻有其當下因緣
而在處理事
常常就忘失了上一刻的因緣
這有時不一定是失念
而是因心隨著當下因緣
故其失念的正念
是沒有在適當的因緣當下
或沒有覺照當下因緣
減少如此的忘記或失念
就是時時覺照當下因緣
並完成應做的事

摘自《默照源頭》

27

Jun

默照同時　能所統一　定慧一體　本然如是
入畢竟空　心行處滅　言語道斷　無相無心
出畢竟空　滅處行心　斷道語言　有相有心
本然如是　定慧一體　能所統一　默照同時

摘自《認影迷頭》

28

Jun

平淡簡單無味
諸境歷歷在心
心覺照而不動
隨緣無住自在

摘自《何處盡頭》

29

Jun

當生活沒有了方向與目標
就是一種迷失與無記
而生命不再需要方向和目標
卻是一種開悟與無心
因為方向與目標即是當處當下

摘自《認影迷頭》

夏之默照 06

30

Jun

紛擾萬象
心不波動
不是麻木
而是出離

摘自《棒喝當頭》

July
August
September

春夏秋冬

之默照

Jul

來去輕鬆
來去自如
來去無事
來去自在

摘自《默照話頭》

禪悟的無事自在
禪境的逍遙悠閒
有時候會被誤以為隨欲所行
或任性所為我行我素
因此是不必修行不必用功
就唾手可得或現成的
有些人也就以為可以不勞而獲了
以為只是理上通了
任意隨行就得了
卻不知此自在悠閒
是經過長期刻苦禪修後
才悟入而現證的
禪是苦盡甘來的美味
不是先甜後苦或只甜不苦的
這類的甜常是表層或淺薄的
苦盡回甘才有韻味
才能回味深遠
源源不止

摘自《提起話頭》

3

——

Jul

來時不來　去時不去
出時非出　回時非回
移動的是身體是事相
　不是本性不是禪心

摘自《頭上安頭》

秋之默照

07

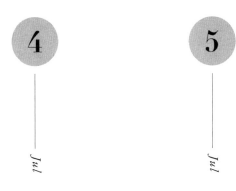

4

Jul

5

Jul

禪修是先增後減
而後是不增不減
增者是對治的方法
事過境遷　減者是種種的煩惱
不論好壞　煩惱減掉了
都不罣礙　方法也可以放下
方能自在　就不增不減了

摘自《棒喝當頭》　　摘自《有啥看頭》

6

Jul

7

Jul

默照乃心之本能
而一切禪本皆需依此來修
故默照禪其實並無定法修
故為無法之法
但又是任何一法皆可修
故法法皆法

摘自《分水嶺頭》

壓力與動力
在一念之間
但天地懸殊
壓力會將人壓倒
動力會推人上進

摘自《又再出頭》

秋之默照 **07**

Jul

不滿現狀
不願平凡
因而努力改進
提昇自己
以達到更高的成就
這是積極的
不滿現狀
不願平凡
卻祈求老天賜福
或有特別因緣
而得到更好的享受
那是消極的

摘自《棒喝當頭》

似乎必須以很複雜的方式
才能傳達很簡單的東西
必須用很複雜的方法
才能漸漸地接近簡單
不是簡單了因此而複雜
而是因為人心已複雜
反而對簡單生疏了
因此要回到簡單
就得經歷過
那些曾經經歷而累積成
複雜的過程
再回到簡單來
若心是簡單的
當然就直接體會了

摘自《何處盡頭》

10

———

Jul

生理上有時差
心理也會有時差
但心靈卻可以通過修行
而超越時空觀念
故也超越了時差
而能時時處處皆自在

摘自《默照源頭》

11

Jul

12

Jul

內心有雜染
而現出種種煩惱
所以需要用方法對治
方法對治煩惱
使煩惱減輕
乃至滅去
煩惱滅了
方法自然也就放下了

追逐追求　未必遂欲
只增煩惱　更添負擔
放下無求　只去滿願
煩惱自減　負擔自輕

摘自《棒喝當頭》

摘自《有啥看頭》

秋之默照

07

當下因緣中
不能全心地接受
而有所抗拒
常常就會因為在過去和未來的妄念中
失去對因緣的覺照
而不能當機立斷
錯失良機

摘自《何處盡頭》

14

Jul

默照一切境　　照默不動心
能所若雙泯　　心境空無相

摘自《默照話頭》

秋之默照 07

15

Jul

禪修時心單純
不追求好境
也不刻意求不好境
只是一心用方法
身心當時因緣所呈現的狀況
只是隨順並調和
身依然放鬆
心亦如是

摘自《分水嶺頭》

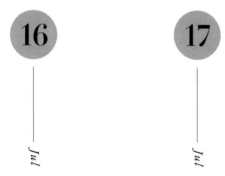

16

Jul

17

Jul

簡單的身心
才能用簡單的方法
簡單的方法
才能達到簡單的悟境
統一的身心
才能用禪的方法
禪的方法　　　　　　默照至簡　無須方法
才能頓悟見性　　　　如如不動　了了分明

摘自《何處盡頭》　　　摘自《回到話頭》

秋之默照 **07**

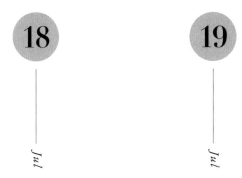

18

Jul

19

Jul

默然乃心本然性功能
但以妄想執著
不能發揮
故需以方法治之調之　　心如太虛　任念來去
乃能正常運作　　　　　一念不住　無念無心

摘自《分水嶺頭》　　　　摘自《有啥看頭》

放不下中放不下的平常生活
若有禪則時時照見
覺知此心放不下
對境亦放不下
卻因禪而能自在放鬆
放不下中學習放下的生活
若有禪則時時照見
覺知心雖放不下
卻在境上想放下
因禪而能平衡
故也輕鬆自在

放下中的放下
心已放下故已解脫了
放下中的放不下
是在心已放下後
卻時時提起
時時承擔度化眾生之大任
此若是禪師
皆已大徹大悟而解脫自在了

摘自《默照源頭》

21

Jul

沉穩是因為自信
無虧於心無虧於己無虧於人
無虧則無愧
於是自信充滿
於是沉穩

摘自《頭上安頭》

22

Jul

去國回國
心境大致一樣
有不捨有歡喜
不捨此方之好
歡喜彼方之美
不捨彼方之好
歡喜此方之美
實際上此方彼方
皆可為家皆可為客
心能安住即是家
心若無住便是客
只要心安
此方彼方
是家是客
安住無住
悉皆無礙

摘自《提起話頭》

一切皆因緣　有生必有滅
生固無可喜　滅亦無可憂
生滅乃正常　應視之平常
生滅因緣中　隨緣而生滅
若見生滅空　生滅乃假相
實相無生滅　何為生滅苦
不為生滅苦　生滅任生滅
生滅無生滅　吾心得自在

摘自《棒喝當頭》

Jul

禪著重其原理即自性清淨
定慧一體的心本然性狀態
故在現實生活中直從自性流露
悟者即可做到一行三昧
而無念無相無住
迷者知此理而在現實生活中
以定慧一體或安定清明的
本然性功能應對
故禪修的方法依此原理
而依專注覺照的原理用功
靜態如此動態也如此
即是禪

摘自《回到話頭》

欲求的心
永遠追不上欲望
因為物欲變化太快太多
只有放下欲求的心
才能停息不追逐

摘自《又再出頭》

秋之默照 07

26

Jul

心若安住
則境無論如何變化
心皆不動
此乃定也
心若無住
則境無論如何變化
心皆隨緣
此乃慧也

摘自《棒喝當頭》

27

Jul

休息好容易放鬆身心
身心放鬆也容易好好休息

摘自《默照話頭》

秋之默照

07

28

Jul

閒裡偷忙　閒時輕鬆　忙也輕鬆　享受輕鬆
忙裡偷閒　忙時輕鬆　閒也輕鬆　享受輕鬆
閒時忙時　皆能放鬆　時時放鬆　放鬆享受
放鬆自在　自在放鬆　放鬆身心　身心放鬆

摘自《回到話頭》

默照同時
能所統一
見本性空
開悟見性
默而無照
掉入無記
照而無默
胡思亂想
放逸六根
反而造業

摘自《話說從頭》

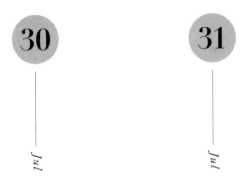

30

Jul

31

Jul

沒有完美與最好
故時時都在學習中
當下即完美與最好
故時時滿足於當下

摘自《棒喝當頭》

禪修要放鬆
放鬆身心
禪修也要放空
但不是空掉身心
而是空去對身心的執著
空去我執

摘自《默照話頭》

Aug

禪是定慧一體
默照同時
無能無所
明心見性

摘自《話說從頭》

只管打坐　覺照全身
方法簡單　卻不具體
故應用者多落入妄心想像中用功
因妄心想像
常以為自己在用方法
甚至還得統一境
卻不知多為想像或假相
故用功多年
除妄心不斷假想或暗示
自己如何如何
就是停滯不前而毫無自覺
甚至有增上慢者以為自己開悟
這是用方法不得善巧之失
行者須慎之

摘自《認影迷頭》

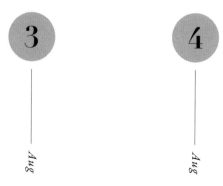

遇境時如何處之
淡然處之
默然處之
泰然處之
欣然處之

摘自《默照話頭》

方法是技巧
原理為所依
把握其原則
用功不為難

摘自《回到話頭》

秋之默照

08

面對環境的某些狀況
總是要安忍的
有時候心不平不安
就得用方法來平之安之
不斷地練習方法
也許就可以愈做愈好
而如果不需再提觀想或方法
就能自然地平和安忍
這就是工夫已用上了
方法已融入了生活

摘自《有啥看頭》

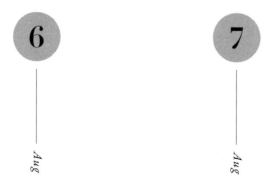

6
——
Aug

7
——
Aug

不必成為眾人中的最好
只需把自己做好

摘自《紅塵回頭》

在全然放鬆的狀態
無論做什麼事
都能有最好的效率
發揮最大的效果

摘自《話說從頭》

秋之默照

08

默照禪法若教不得法
不是妄想一堆
就是掉入無記
久久不能進步
或幻想自己在某一統一境中
自誤自開心

摘自《認影迷頭》

不讓工作成為壓力
不讓功課成為壓力
不讓修行成為壓力
從不求不執的態度
去面對和處理
放下了必須的心理與作法
常常就能使自己的心
從束縛中超脫出來
而使心的空間擴大
往往工作就做得更好
功課也做得更好
修行也容易進步了

摘自《默照源頭》

若信因果
知應是自己的
就不會失去
不應該是自己的
失去是必然的
不論得與失
皆是生滅無常
故得之不染
失之不憂
心就自在多了

摘自《默照話頭》

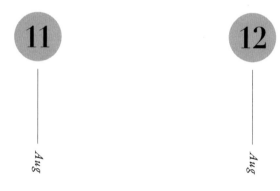

若能無心
一切隨緣
即使外在的相如何複雜
不能擾動無住的心
如此心無任何「動作」
只是隨著因緣而運作
就讓事情自然做好

摘自《有啥看頭》

遇事未明時
勿急下判斷
並有所行動
否則易傷人
終而傷自己

摘自《認影迷頭》

13

Aug

14

Aug

慣性常會誤事
因缺少覺照
又夾著常見
常以為是
當臨時有變動時
就失去變動能力
無法很好地處理事變了

要完全放鬆
徹底放下一切
在生活中
才能全無罣礙
時時處處皆自在

摘自《紅塵回頭》

摘自《何處盡頭》

默照心本然　　順緣逆緣
自然無功行　　心能隨順即順緣
若直見空性　　順緣逆緣
心滅言語斷　　不在緣而在心

摘自《話說從頭》　　摘自《何處盡頭》

17

Aug

只吃一種口味
追求多種口味
都是執著
都有染著的心
不執著不染著的心
是隨緣食用
不論是一種或多種口味
不論是何等口味
都只是一味
禪味

摘自《分水嶺頭》

Aug

Aug

不論遇到什麼事
都必須保持冷靜
方能保持敏銳的判斷力
對事情的因緣
較容易看清與掌握
判斷與抉擇時
方處於有利的位置

摘自《何處盡頭》

適當的時間
適當的空間
適當的回應
就是智慧
就是中道

摘自《有啥看頭》

20

人總是有辦法適應環境的
只是看是以何種心情適應
歡喜地接受
抑是苦惱地無奈

摘自《默照話頭》

21

Aug

完全地放鬆
必然是安住於當下
無住於一切境與過程

摘自《何處盡頭》

秋之默照

08

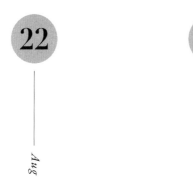

22

Aug

23

Aug

智慧愈深
愈能放鬆
但遇事時
反應敏銳
做出判斷
更而抉擇　　　身體有不舒服的覺受
將事理好　　　覺知而調和之
心仍放鬆　　　卻無須因此而苦惱

摘自《分水嶺頭》　　摘自《默照話頭》

Aug

每個人的人生旅程
都是孤單的
若內心因而空虛
則不斷向外攀緣求伴
但外在的緣和伴
仍然是無常的
只有內心充實
才不會有孤單的不安
縱使無外緣無伴
也一樣快樂自在

摘自《何處盡頭》

秋
之
默
照

08

25

Aug

習成自然　行為慣性的自然
隨順自然　所觀被動的自然
任運自然　能觀主動的自然
融入自然　能所統一的自然

摘自《又再出頭》

Aug

遇事時若先冷靜
待真相大明
或至少一些事實浮出來時
才做判斷
行動時也盡量往正向去
就會減少傷害

摘自《認影迷頭》

秋之默照

禪修不是得到什麼
因為從來沒有失去
禪修也不需丟棄什麼
因為從來沒有得到
心無明而錯覺地以為少了什麼
才要去追逐
以為多了什麼
才需要丟棄
心不生不滅
不增不減
無得無失
因此禪修只是將無明轉為明
將錯覺轉成正覺
見到心的本性
就任運自然
自在生活了

摘自《話說從頭》

無法之法　覺照全身　默然不動　身心統一
平等覺照　默然平衡　無內無外　不增不減

摘自《又再出頭》

秋
之
默
照

08

Ang

自性清淨
不是離心之外
或於心之內
還有一清淨的自性
自性即心的本性
清淨是心本然性功能
心運作時覺知自性清淨即悟
並沒有增加
不是還有一自性清淨
讓心去覺知
不知不見時即迷
迷時心的自性依然
清淨的功能依然
並沒有減少

摘自《回到話頭》

放鬆全身
覺照全身
身心就統一了
這麼簡單
只是平時繃緊的身體
無法放鬆
平時粗散的心
覺照不到
身心複雜了混濁了
因此需要通過方法
漸漸放鬆身體
漸漸調和心
讓身體能整體放鬆
讓心能整體覺照
那才能統一

摘自《分水嶺頭》

放任六根
即放任心
但心是一整體
故放任六根時
是整體的放任
非六根一一根各別放任
否則便是造業
整體的放任才是默照
才是自在

摘自《默照話頭》

Sep

遇事而能冷靜處理
不論緊急或一般狀態
都必須平時身心穩定
這就得有某種定力
禪修在這方面可以發揮一定作用
有禪修者較能做得到

摘自《認影迷頭》

秋之默照 09

2

默不是止
因默不止於一境
而是隨著照的流動
卻默然不動搖
照不是觀
因照不做任何觀想
只是依默而安穩
而覺照一切境
在默照一體運行時
一切境包括默照的心
依因緣而流動
在當下心的默照直觀一切法流動
而契入無常無我法則
此即悟也
而此悟並不需加入無常無我的觀想
只是直覺就契入
這需對無常無我法則的知見深徹
默照直觀時自然悟入

摘自《分水嶺頭》

Sep

世界上所有的存在
人都不能真正擁有
只能暫時使用
使用時妥善使用
應捨下時歡喜捨下
不染不棄
不取不捨
沒有得失之心
就自在了

摘自《何處盡頭》

秋之默照 09

4

Sep

簡單的心遇到複雜的相
必須應對時
也會觀複雜相
但因從簡單的心處理
把握的是原則
故就會簡化複雜的相
直從簡單去把事做好

摘自《有啥看頭》

Sep

讓自己多點空間
不一定是少做事
而是在做事時
讓心境放鬆
專心去做好當下事
如此則心的空間自然放寬
做事的空間就多了些

摘自《認影迷頭》

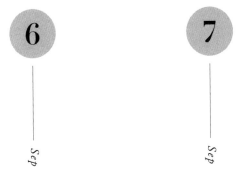

6

Sep

7

Sep

禪修是放鬆的
不是加緊的
是用心的
不是用力的
若錯用了
弄巧反拙
適得其反

摘自《何處盡頭》

忘恩記恨
是一般人的習性
修行人卻應該
記恩忘恨

摘自《紅塵回頭》

莫讓自己的心
與感官充塞得滿滿的
總是要留空間
心太滿了
很多妄想雜念
難以平靜
五根太滿了
很多感受欲念
影響了情緒
就沒得休息
常常不去想不去看
不去聽不去嗅
不去嘗不去觸
讓心與五根都空閒
從此空白中
常會有不同的受用

摘自《默照源頭》

秋之默照

09

9

心境一放鬆放寬
原本看似問題的事情
就變成不是問題了
這不是事情改變了
而是因為心境轉化了
角度提昇了
寬度放大了
問題也就轉小了
或化解了

摘自《紅塵回頭》

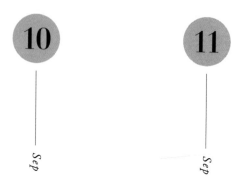

10
Sep

11
Sep

放下不是什麼都不做
而是在做的過程中
無住於每個過程

摘自《棒喝當頭》

忙時心無事　閒時心充實
忙時或閒時　心皆能安住

摘自《何處盡頭》

秋之默照

09

默照是心本然性功能
因此是無法之法
正因其無法
故法法皆法
所有的方法皆可為默照之法
所有的方法皆需以默照運作
因此一切方法的完成
即是默照自然而完整的運作

摘自《分水嶺頭》

Sep

在旅途中
常常因為匆忙
錯失了許多美麗景色
在人生旅途中
也常常因為匆忙
錯失了美好的事件

什麼時候
人才不那麼匆忙
或放慢腳步
而充分地享受
旅途中的美景
人生的美好

摘自《紅塵回頭》

秋之默照 09

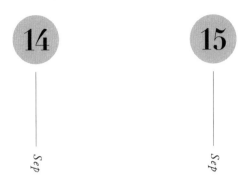

一切法本性空
故一切法平等
但一切法現為相時
又有種種不平相
故若見法之相
則見種種不平等
若見法之性
則一切法平等

摘自《棒喝當頭》

放下不是什麼都不要
而是放下自我中心的執著
還有對一切境的染著

摘自《默照話頭》

Sep

<table>
<tr><td>禪</td><td>生活</td><td>過生活</td><td>平常生活</td></tr>
<tr><td>禪</td><td>流露</td><td>自流露</td><td>直心流露</td></tr>
<tr><td>禪</td><td>無心</td><td>無常心</td><td>無住生心</td></tr>
<tr><td>禪</td><td>無法</td><td>無定法</td><td>無一非法</td></tr>
<tr><td>禪</td><td>自在</td><td>自隨緣</td><td>在在皆是</td></tr>
<tr><td>禪</td><td>自如</td><td>自任性</td><td>如如不動</td></tr>
</table>

摘自《認影迷頭》

秋之默照 09

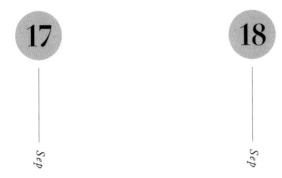

17

Sep

18

Sep

莫因眾生起煩惱
應為眾生起慈悲
煩惱傷己又損人
慈悲益他又利己

摘自《棒喝當頭》

依心直覺
隨心所欲
放任六根
任運自然

摘自《默照話頭》

常説今日事今日畢
這是好習慣
但有些事不是一天可做完的
需時間慢慢完成
因此這句話不是説非得做完整件事
而是説每天應有的進度
都盡量做好
如此方不會堆積成累
每天都有每天的因緣
能做好的就做好
即使因此而空下時間
可以放鬆休息
也可以做些別的事
重要是讓自己做得放鬆
做得歡喜

摘自《有啥看頭》

即使很喜愛的東西
都不會永久擁有
能擁有者與所擁有物
之間的關係是得
但此乃因緣聚散的
有生必有滅
有得必有失
在得失之間
放下得失心
心就自在了

摘自《默照話頭》

21
Sep

22
Sep

放下目的
就是放下成果的期待與假設
也就是放下未來的心
如此方安住當下

摘自《認影迷頭》

沒有放下
就提不起來
沒有提起
放下就會失衡

摘自《默照話頭》

秋
之
默
照

09

整體用功方法很簡單
調正姿勢
放鬆全身
放鬆心境
覺照整體
工夫用上
就直接達到身心統一境
而能默照同時
不夠放鬆則局部逐步放鬆
而達到整體放鬆
再不然則收心於呼吸上
用觀息法收攝心
而達到心統一
再放心緣身
而達身心統一境

摘自《何處盡頭》

只管打坐的方法
可深可淺
深者即能所統一
默照同時
淺者為方便
深者是沒方法之方法
淺者是沒辦法之方法
深者已不需用方法
淺者是用不上方法
或放棄方法而只是打坐

摘自《認影迷頭》

默照是觀整體
故默照定中
一切外境皆在整體中
縱使有強的外境現前時
仍會融入此統一境中
因此心仍靜默不受擾
這與集中於一境
而入定或深定者不同
因為淺定會受外境擾
而深定會完全不覺外境存在

摘自《何處盡頭》

身心統一　不見身心　見統一境　見唯心境
內外統一　不見內外　見統一境　見唯心境
統一境中　不見永恆　只見流變　只見空性
唯心境中　不見實體　只見緣起　只見空性

摘自《默照話頭》

27

希望不好的快過去
希望好的會持續
擔心好的會失去
害怕不好的不肯去
心就會有很多煩惱
這皆是不安狀態
是人心的執著
如果知道一切無常
接受一切的緣生和緣滅
放下執著
心就放鬆了

摘自《何處盡頭》

28

—

Sep

常常在意別人是否在乎自己
是一種欲求
會導致心理上的苦惱與憂慮
會形成壓力
使自己不得自在

摘自《紅塵回頭》

秋之默照 09

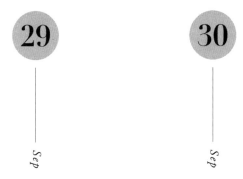

29
——
Sep

30
——
Sep

因緣生滅無常我
悟得因緣即智慧
因悟因緣能隨緣
因能隨緣故自在

摘自《何處盡頭》

在因緣運作中
隨緣是被動的
自在是主動的
被動中隨緣
主動中自在
因隨緣才自在
因自在才隨緣
被動而主動
主動而被動

摘自《默照話頭》

春夏秋 冬

之默照

禪是活的
禪的修行也是活的
清楚地覺照當下因緣
整體因緣的原則
無常無我空
故心默然不受一切相的影響
卻仍然隨著因緣的變化而流動
禪的修行活了
禪就活了
心就自在了

摘自《又再出頭》

只管打坐
打坐時是整個身心在打坐
而身心是無常的
就是流動著的
也是無我的
就是沒有實體的
所以是空的
因此打坐是安住而又流動的
是有相而非實體的
但又是一個整體
身心在打坐的當下
即是如此
只要心一有別的念
即失去了整體
即不是只管打坐了
所以打坐就是打坐

摘自《回到話頭》

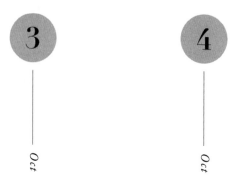

一切法空
不是要空掉一切法
而是一切法的本性
當體即空
只需證之
不需空掉什麼

摘自《棒喝當頭》

有些事情是做了會後悔
有些事情則是不做會後悔
但還是要應該學習
事情過後就放下
不去後悔

摘自《頭上安頭》

冬之默照 10

Oct

確信自性清淨
依定慧一體為原則
行一行三昧之直心
無念無相無住
而修任何禪法
才是禪的修行
否則只是技巧
或其他宗派的禪法
非禪宗之禪法

摘自《回到話頭》

默照365　239

不論是打坐經行拜佛

乃至身體處於任何狀態

都感覺到身體似乎沒有重量

或感覺是一個空殼子

那即是身體已能放鬆

循環流暢

這也是輕安的覺受

此時心裡也感覺沒有負擔

乃至無雜念無妄念

一切流動的念皆為正念

或念念覺照當下

這即是心理的自在

摘自《默照源頭》

冬之默照

10

用功時若安住於平靜狀態
身樂心喜
若染著於此靜不思覺照
漸漸覺照作用沉下而失去
就會掉入無記或無想
故順境時更須提高警覺

摘自《回到話頭》

所有過去的經驗
以及未來的想像
若都不成為妄念
身心必然是輕鬆無比的
因為身心只處於當下剎那生滅中
就是在即生即滅的境界
如此則無住於任何一念一行
身心自然沒有煩惱負擔
禪修就是訓練身心
達至此即生即滅之覺照
但這不是斷見
因為即生即滅的照見
必是依於不生不滅的空性見
才能照見的

摘自《默照源頭》

冬
之
默
照

10

9

日常生活畢竟還是生活的大部分
能在日常生活中用功
才能確保修行的持續
工夫才能成片

摘自《何處盡頭》

不論在何處　總是在禪修
這不是執著　而是平常心
以禪為中心　日日皆禪修
禪修平常事　心即平常心

摘自《話說從頭》

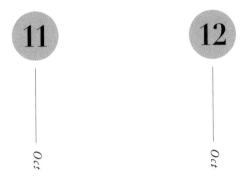

11

Oct

12

Oct

禪修求功心若切
適得其反成障礙
用心禪修不求功
水到渠成功自顯

摘自《棒喝當頭》

有心心不安
是故覓心安
若見心性空
無心心自安

摘自《何處盡頭》

歡喜真流露　笑口齒自露
露齒好不好　看人怎麼想
有人很喜歡　有認為無禮
無禮就不露　喜歡自齒露
無須太在意　情緒直心露
隨緣不刻意　自在自流露

摘自《認影迷頭》

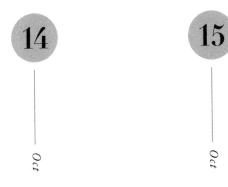

14

Oct

15

Oct

見好就收
說好就走
生命旅途中
學佛道路上
灑脫去來
不做歸人
也不做過客

忙中有序
忙中不急
忙中不緊
忙中無事

摘自《棒喝當頭》

摘自《紅塵回頭》

16

Oct

禪修不為驚天動地的體驗
只是睡得香吃得甜
人與事無礙
活得自在

摘自《棒喝當頭》

冬之默照

10

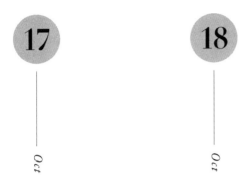

17

Oct

18

Oct

不追求
不強求
因緣具足時
應做的
需做的
自然會完成

摘自《紅塵回頭》

禪修是冷靜而非冷漠
禪修有熱誠而非狂熱
禪修有溫情而非激情
禪修依正念而非妄念

摘自《認影迷頭》

內心的自在
才是真正的自在
外在的自由
因時空限制
只有相對的自在
內心若已自在
外在的時空限制
就不會有任何干擾或影響了

摘自《棒喝當頭》

冬之默照 **10**

默照既然是心本具之功能
當然應該可以做到
只是心的煩惱習氣太多
覆蓋此功能
才變得難而複雜
只要心不受此客塵之擾
完全放鬆放下種種執著
默照功能自然流露
因此默照的方法
是用方法清理雜染的客塵
也就完全地放鬆與放下
除此再沒什麼方法
也不需要什麼方法了

摘自《默照話頭》

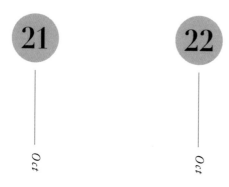

直心流露無雜染
恰到好處無後有
任運自然不造作
放任六根不逾矩

摘自《有啥看頭》

當下即超越時空的無處
沒有過去現在未來
沒有東西南北上下
當下即永恆

摘自《默照話頭》

冬
之
默
照

10

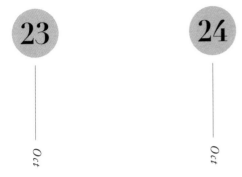

23

Oct

24

Oct

五根在無緣可攀時
心不覺空虛
那是因為心已充實
能時時安住

摘自《棒喝當頭》

不論身在何處
心都安住當下
當下空無自性
安住即是無住

摘自《何處盡頭》

世人有所求　禪者無所求
有求有所得　無求無所得
有得有所失　無得無所失
有失有所惱　無失無所惱
有惱即是苦　無惱即無苦
有苦不自在　無苦便自在

摘自《認影迷頭》

26

默照禪的方法
是將個己全然融入法相中
見法性本空無有自性
故而解除自我的執著
解除對法相有的執著
解除對法性空的執著
故個己看似仍在法相法性中
卻已無種種因執著
而衍生的問題與束縛
即是解脫自在了

摘自《默照源頭》

禪修無法成為生命的全部
或不與生活融會
是因為事相上
禪修方式與生活有明顯差異
故在觀念上二者是不同的
但從禪修原理而言卻是融通的
因禪修就是為了讓心本然性功能
即定慧完整而自然地發揮作用
故從心的角度看
禪修是有形式的用功方式
生活雖無禪的形式
離開生活禪也無從修起

冬之默照 **10**

因此生活也還是用此原則去修
不論有無形式
心本然性功能的自然顯現
是根本的
因此禪修與生活融會
才能完整發揮
依此而知
尚有方法或形式需要
就是禪修與生活
若二者統一而無須方法或形式
就是默照或定慧已一體
而自然運作
處處皆道場
時時皆修行

摘自《認影迷頭》

修行與開悟
都很簡單
就是放鬆和自然
修行時是學習如何放鬆
而自然地用功
過程中漸漸地放鬆
也較自然地用方法
開悟時就是徹底放鬆
而任運自然了

摘自《又再出頭》

Oct

所有的方法
皆依一個「放鬆」為中心
貫通起來
從外在的粗顯的不放鬆
調到放鬆
再進入較內在較細微的不放鬆
調到放鬆
深入更內在更細微的不放鬆
調到放鬆
透入極內在極細微的不放鬆
調到放鬆
終極將放鬆也放鬆
就究竟放鬆了解脫了

摘自《有啥看頭》

修行的方法
若以一句話總括
那就是放鬆
只要能放鬆
一切修行方法都用得上
從生活中的調和
到基礎方法的應用
到深入定和慧的修持
乃至度眾生的慈悲與方便
莫不都是在放鬆
從基本的身心放鬆
到極致的放鬆
自己解脫而他人受益
因此在修行時
時時處處
心念都安往於放鬆
任放鬆來完成其過程

摘自《默照源頭》

31

禪修其實極簡單　　置心一處澈心源
透見空性證空慧　　回歸平常生活中

禪修之人心複雜　　簡單方法用不上
方便善巧皆施用　　為契機緣能入門

禪眾若明此原由　　心態轉繁為簡單
方法漸由繁轉簡　　契合原理易入門

入門契理並事修　　從繁轉簡漸深入
終能一心觀空性　　證得空慧心自在

摘自《默照話頭》

打坐是誰
打坐是打坐
沒有能打坐的人
也沒有所打坐的境
只有打坐的因緣
整體的存在
又一直在流動著
如此只管打坐
即是默照同時
能所雙泯的悟境

摘自《有啥看頭》

時間流動了
空間轉移了
人事也多少改變了
這都是事相上的變化
禪心裡
一切如常
一切正常

摘自《頭上安頭》

任運自然
是要在嚴格訓練中
方法漸漸淳熟
再轉入化境時
才能做到的
若是修行
則是經過嚴峻地修行
而得開悟的
才能如此
當正是時
即是從心所欲
而絕不逾矩
放任六根
而不染於境

摘自《默照源頭》

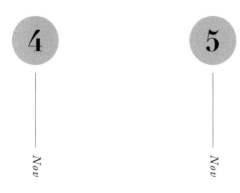

4

Nov

5

Nov

不存常我見
不執個人身分地位
收回身心　在相對的因緣中
收攝身心　以符合當時因緣的位置
收住身心　應對當時的人際互動
收好身心　心能放下便能自在

摘自《紅塵回頭》　摘自《默照話頭》

6

我要快樂　人人如是想
如何快樂　人人如是求
把「我」先去掉　再把「要」去掉
剩下的就只是「快樂」了
所以快樂很難嗎
就這麼簡單
放下要快樂的我
放下要快樂的要
如此而已

摘自《認影迷頭》

依佛性起修
以佛心看一切
一切皆清淨
修行便依清淨之道而運作

摘自《棒喝當頭》

深信因果
徹見緣起
就能徹底放下
完全放鬆

摘自《紅塵回頭》

一念覺一念佛
一念迷一念眾生
並不是還有一個特別的念
或心的特別作用叫覺或悟
其實這是心本然性功能
在運作時見到一切法的本性
即是見一切法空性
見一切相存在的流動
與非實體的真實
當下一念即覺即悟
故非有特別作用
而心運作時觸境只見到境的有相
見不到其空性或無常無我
即是迷即是流轉生死

摘自《回到話頭》

10

Nov

生活的壓力
看似由外而來
其實多由內心生起
但也有因外在因素引起
不論由內或由外
每個人感受不一樣
但若要放鬆則需從心去放鬆
心一放鬆則外在的壓力也隨之而鬆了

摘自《認影迷頭》

醍醐灌頂　遍布全身　全身覺照　整體放鬆
以此譬喻　了解默照　方法運作　是一善巧
若能體會　全身觸覺　心能直覺　整體覺照
應用得宜　直覺放鬆　身心統一　默照同時

摘自《又再出頭》

冬之默照

12

Nov

放與收　收與放
二者平衡　調心工夫就安定了
放者易鬆　收者易緊
鬆故需緊　緊故需鬆
鬆緊平衡　放收調和

摘自《認影迷頭》

默照時
心與境平行
能與所一體
若覺心與境皆為行
而悟諸行無常
便得證諸法無我
心境雙泯能所無泯
無心無境無能無所
因緣運作中
心與境平行故無有常與無常之念
能與所雙泯故無有我與無我之心
直覺一切只是隨緣運行
故一切無礙
自在地流動

摘自《分水嶺頭》

14

禪的修行
是自覺之道
自覺最內在的自我
自覺自己的身心
自覺自己整體的生命
自覺周遭的小環境與大環境
自覺當下剎那的自己
自覺一切法
自覺度化眾生的事業
這看似複雜的自覺
在禪修開悟的剎那間
自覺空的本性
所有的自覺
融成一點即消失了
而後就在不生不滅中
即生即滅地廣行覺他工作了

摘自《默照源頭》

及時行樂
時時行樂
此樂非欲樂
故非從外來
而發自內心
即是通過修行
身心調和
身心放鬆
身心安住
身心喜樂
此皆禪悅
若是開悟
則為究竟樂也

摘自《紅塵回頭》

只管打坐
若不是全然放鬆
而對妄念壓制
不讓生起
妄念可能會沉下不起
但正因如此
用力的心就會疲憊
而在妄念沉下時
也同時沉下而昏昧或無記
表面上是默卻是無功能的無記
失去了覺照功能
此乃默照之大忌
但有人就犯此大忌
掉入沉昏狀態
黑山鬼窟裡
還以為是默照
或只管打坐
此乃大誤非大悟

摘自《有啥看頭》

默照依大我而無我
默照從心統一而心與身統一
而內與外統一
對外擴大覺照
此統一乃大我
再空去此大我之一心
即是空無我的無心而開悟

摘自《又再出頭》

Nov

本然自性
空而無染
無染清淨
有依空立
有而雜染
故需淨化
淨化以禪
禪即是空
無門無法
建門設法
禪修開悟
清淨自性

摘自《有啥看頭》

無法之法
可用於未用方法前
放鬆身心才進入方法
也可以在用方法過緊用力時
放下所用的方法乃至所有的方法
讓身心放鬆再回到方法
若真已無須用方法
那就是能所統一放任六根
接近開悟矣

摘自《認影迷頭》

20

Nov.

善巧的方法
含默和照的作用
入門時或有偏重一邊
運作時則保持默照平衡
相輔相成
行於中道
漸漸地默照融合而統一
同時而整體地運作

摘自《又再出頭》

Nov

心如虛空
不論其中有任何相
虛空不增不減
相自然生滅
而虛空不生不滅
不論時間如何流動
虛空不來不去
故虛空如如不動
而了了分明

摘自《有啥看頭》

冬之默照

11

默照同時
默為照之體
照為默之用
體用不二
無默之照非真照
無照之默非真默
默照相即
體用一時
方為真默照
方契如如

摘自《又再出頭》

沉默而使心沉澱
把心看得更清楚
也把事理看得更清楚
於是清楚地把心安好
把事情處理好
沉默是通往智慧之途徑
也是智慧的顯現

摘自《頭上安頭》

冬之默照

11

Nov

表面上看起來
人是在逃避現實或苦惱
其實是在逃避內心的不安
因此不安乃植於心中
故無法逃避
愈逃避則愈不安
只有面對不安
才可能處理與解決

摘自《棒喝當頭》

Nov

以自我為中心
即掉入整體中的局部
無法默照整體
行事無法顧全大局或整體
因此會導致後有及輪迴
自我中心愈淡化
所照的就愈廣乃至整體
以整體因緣著眼
行事時就比較會看大局顧全體
就少了後遺作用
減少輪迴的力量
當然就比較自在了

摘自《默照話頭》

冬之默照 **11**

284

Nov

人間有情
情乃人性
本無好惡之分
情之顯示為正負兩面
是因之不染與染
心不染則情為清淨
心若染則情為流轉
心當抉擇

摘自《頭上安頭》

Nov

口裡説放鬆　　實際未放鬆
只是意想像　　仍在繃緊中
放鬆非用力　　亦非憑想像
須實質用功　　方得真放鬆
對外不用力　　根不受塵擾
對內不用力　　妄念不干擾
先專注方法　　以法來放鬆
住法不受擾　　身心漸輕鬆
用法能放鬆　　尚依住於法
若已不受擾　　連法亦放下
一切力不用　　身心放鬆竟
即無功用功　　亦任運自然

摘自《有啥看頭》

冬之默照 **11**

28

Nov

其實表面上
運作上是複雜的
但每個單位也是簡單的
不需想太多做太多
只在崗位上把分內的工作做好
像機械裡每個組成部分
只做一件事
整個機械就正常操作了
因此複雜中要簡單
看來也不難了

摘自《何處盡頭》

不用力不著力
故而身體輕鬆
不用力不著力
故而心理自在

摘自《頭上安頭》

修禪無難需善巧　把握原則用方法
心本具足默與照　應用方法須具備
善巧方法根緣境　能緣所緣攝身心
默照均衡用方法　專注覺照所緣境
默照同時能所一　一心尚非開悟境
一心覺照無常我　無一無心真悟境

摘自《認影迷頭》

見善惡法　知為性空
不執二分　平等覺照
不揭其短　只揚其長
平等待之　是為厚道

摘自《有啥看頭》

冬之默照

12

當下真實
當下虛幻
因緣在當下全部示現
故是真實的
但當下並無有一實質實體存在
只是流動中的假立
故是虛幻的
見真實相而珍惜把握
見虛幻相則放下不執
珍惜把握能活得快樂
放下不執則活得自在

摘自《棒喝當頭》

Dec

禪修的用功
是用心不用腦
腦是色法的作用
雖是意念所依之根
卻只是局部的功能
而心是整體的功能
若只用腦
易生雜念妄想
且容易繃緊
用心則不住於境
故容易放鬆
且能開悟

摘自《默照話頭》

4

身安則心較易安
心要安定當然是心地工夫
身為道器或工具
輔助了心
而調心工夫還是要回到心
故調心有調心的方法
這與調身結合
更能發揮

摘自《有啥看頭》

5

Dec

平時煩惱貪瞋癡　　貪瞋散亂癡無明
散亂無明造業多　　輪迴生死何時了
禪修即滅貪瞋癡　　無貪瞋默無癡照
默照同時見無我　　體悟空性得解脫

摘自《認影迷頭》

冬之默照　**12**

6

Dec

最直接的放鬆
就是不理這些覺受與妄念
但心無法直接的不理
故需要方法來幫助
讓心安定下來
不受身體覺受
和心理妄念的擾亂
這就是禪修

摘自《有啥看頭》

7

Dec

禪修的過程
可以段段地放下
禪修的工夫
則是層層地深入

摘自《又再出頭》

8

Dec

身心都一樣
具有本然性功能
真正調身心
不用加和減
只是用方法
讓身心本然性功能
自然顯現作用
身心就健康了

摘自《回到話頭》

冬之默照

12

9

Dec

默照乃心本然性功能
因煩惱妄念遮蔽而不顯
故只需將煩惱妄念清掃
默照功能自然現前

摘自《何處盡頭》

默照直從慧的修行切入
故不修深定而直觀直照整體
讓心本具的默照功能全體自然發揮
並依空見直見整體的空或無我
開悟見性
心本具的智慧自然流露運行

摘自《默照話頭》

Dec

放任根門
是任由根門自然開放
根門本然性功能自由運作
以此達到照而默
默而照的作用

摘自《何處盡頭》

Dec

默照心本然　此就理性解　現實心雜染　此就事相現
故需用方法　除染心本淨　禪修淨化心　此就善巧行
依理為根本　設禪修原則　調心用方法　仍以默和照
依事漸次修　理悟本然性　染除心默照　淨樂心自在

摘自《又再出頭》

冬之默照 **12**

不安是心的一種狀態
是緣起性空的
能見此不安是空
放下它自然就安了
但仍可能再生起
若見心也是緣起性空
直從心去放下
心空了
不安自然也空了
才是究竟的安心

摘自《棒喝當頭》

禪修當然不是增加什麼
但也不是減少什麼
表相上增加了方法和體驗
減少妄念和雜染
但增加的終究要放下
而減少的是之前加上去的
所以體悟了空性
法爾本然　不增不減
一切如如　不減不增

摘自《認影迷頭》

15

修行其實很簡單
就是通過方法的應用
訓練自己的心
時時安住於當下
但又清楚覺知當下是無住的
因此並沒有所謂的安住
但又時時將已滅去的過去放下
把當下的同時放下
故便有安住之用
與此同時當下又當下生滅
於是又無住於任何當下
心若如此
便是徹知透見諸法空無自性
即心本身亦復如是
此空無自性的心便自在了

摘自《紅塵回頭》

16

Dec

要平世間
先平心地
這是必然的
因為心地是一切法則
運行的根本

摘自《棒喝當頭》

冬之默照 **12**

17

Dec

不論外境如何
都沒有對立
沒有對抗
沒有覺得被貶低　輕視
故沒有委屈的感覺
內心沒有高下之分別
慢心減輕
自信心增長

摘自《有啥看頭》

在默照中
沒有能照的主體
也沒有所照的客塵
一切只是相對的存在
能所只是相對中不同的位置
因此心在照時
因見此平等性而默然
更因見此相對的互依互存
而實際沒有真實的能所
也沒有真實的存在
故見空而開悟

摘自《默照話頭》

19

Dec

身不由己非是苦　心不由己方是苦
身不自在並無礙　心不自在乃大礙
身不由己心由己　身不自在心自在
身心由己得大樂　身心自在大自在

摘自《棒喝當頭》

實修工夫需默和照同時運作
心默然不動而清楚覺照
心清楚覺照而默然不動
不論默時或照時
默為主或照為主
皆不可偏廢而需同時運作
漸而統一
方為實修之道

摘自《話說從頭》

冬之默照 **12**

你以清淨心視世界
而世界卻沒有回應你以清淨相
那不是世界辜負你
而是你以為的清淨心
並不是真正的清淨心

摘自《紅塵回頭》

Dec

默然安住
覺照整體
能所統一
照見無我
緣生緣滅
無住生心
一切本然
任運自然

摘自《話說從頭》

23

心本空無自性
故心自由不羈
因自由而放逸
任意隨欲造作
形成業報輪迴
苦惱流轉不息
因遇淨緣迴觀
正見苦集滅道
知苦故須斷集
思滅故而修道
心空故能隨緣
自在而不逐欲

摘自《默照話頭》

Dec

曾經嘗試
已然盡力
沒有成功
沒有失敗
只有過程

摘自《棒喝當頭》

冬之默照

312

相信因果　看似簡單　實為不易　因太簡單
事相複雜　大眾習慣　認為真理　必是複雜
因果事繁　其理極簡　事理有礙　無法深信
見事繁雜　生種種疑　不見本性　極為簡單
依繁而學　枝末眾生　需往內觀　從繁入簡
繁而系統　簡則直透　不見其繁　難見其簡
世人見繁　不見其簡　捲入繁中　無從超脫
見繁見簡　知相知性　實為一體　貫通相性
依性安住　依相運作　相性無礙　心得自在
不論繁簡　就是因果　終極法則　深信即可

摘自《有啥看頭》

凡得到的必失去
得而不想失的心
想得而不得的境
皆是苦的因素
與苦的果報
應得時得應失時失
隨緣得失則心就放下了
若更無了得失之心
一切皆無得無失
心就自在了

摘自《紅塵回頭》

27

Dec

來來去去
緣來緣去
好來好去
不來不去

摘自《棒喝當頭》

Dec

其實最簡單的
是最美的
但這不容易明白
體會與欣賞
因此人追求複雜
希望從中可以尋找到美
如果經歷了這些過程
驀然回首
才發覺原來最美的
就是最極簡單的
那就是悟了
對多數人而言
似乎這些過程是需要的

摘自《何處盡頭》

冬之默照 **12**

心本具默照功能
無限向外開放
與無限融合為一
在此統一境中
見一切境一切法
遷流不息剎那生滅
無有實體無有自性
一切因緣歷歷存在
無一主體能覺能知
能覺能知因所覺所知
相對互動而相互存在
故無能無所能所雙泯
空無自性空無我所
見無我而見性成佛

摘自《默照話頭》

30

———

Dec

禪
無門
無開關
無內無外

禪
無相
無一法
無聲無滅

禪
無念
無自性
無染無淨

禪
無住
無當下
無去無來

摘自《紅塵回頭》

冬之默照 **12**

31

Dec

佛眼視眾生　眾生皆為佛
佛眼視世間　世間即淨土
禪心清淨心　禪眼清淨眼
禪眼視一切　一切皆美好

摘自《棒喝當頭》

琉璃文學 34

默照365
365 Silent Illumination Practices

著者	釋繼程
出版	法鼓文化
總監	釋果賢
總編輯	陳重光
編輯	張晴
美術設計	化外設計
地址	臺北市北投區公館路186號5樓
電話	(02)2893-4646
傳真	(02)2896-0731
網址	http://www.ddc.com.tw
E-mail	market@ddc.com.tw
讀者服務專線	(02)2896-1600
初版一刷	2018年4月
初版三刷	2024年4月
建議售價	新臺幣360元
郵撥帳號	50013371
戶名	財團法人法鼓山文教基金會—法鼓文化
北美經銷處	紐約東初禪寺
	Chan Meditation Center (New York, USA)
	Tel: (718)592-6593 E-mail: chancenter@gmail.com

法鼓文化

國家圖書館出版品預行編目資料

默照365 / 釋繼程著. -- 初版. -- 臺北市 : 法鼓文化,
2018.04
　面 ; 公分
ISBN 978-957-598-778-7(平裝)

1.禪宗 2.佛教修持

226.65　　　　　　　　　　　　107001952